Viktoria Schmidt

IT und Sicherheit - Kryptographie

Sicherheitssysteme im IT

GRIN - Verlag für akademische Texte

Der GRIN Verlag mit Sitz in München hat sich seit der Gründung im Jahr 1998 auf die Veröffentlichung akademischer Texte spezialisiert.

Die Verlagswebseite www.grin.com ist für Studenten, Hochschullehrer und andere Akademiker die ideale Plattform, ihre Fachtexte, Studienarbeiten, Abschlussarbeiten oder Dissertationen einem breiten Publikum zu präsentieren.

Viktoria Schmidt

# IT und Sicherheit - Kryptographie

## Sicherheitssysteme im IT

GRIN Verlag

Bibliografische Information der Deutschen Nationalbibliothek: Die Deutsche Bibliothek
verzeichnet diese Publikation in der Deutschen Nationalbibliografie; detaillierte bibliografische Daten sind im Internet über http://dnb.d-nb.de/ abrufbar.


1. Auflage 2002
Copyright © 2002 GRIN Verlag
http://www.grin.com/
Druck und Bindung: Books on Demand GmbH, Norderstedt Germany
ISBN 978-3-638-72123-3

# SEMINARARBEIT

# IT und Sicherheit
# Kryptographie

Institut für

Datenverarbeitung in den Sozial- und Wirtschaftswissenschaften

Johannes Kepler Universität Linz

KS Informationsverarbeitung 2 (248.850)

WS 2003/2004

**Abgegeben am:**

**Schmidt Viktoria**

# Inhaltsverzeichnis

# 1. Verschlüsselung

Unter Verschlüsselung versteht man die Überführung eines Klartextes in einen unverständlichen Verschlüsselungstext durch einen mathematischen Algorithmus. Entschlüsselung hingegen bedeutet, diesen Verschlüsselungstext (chiffrierten Text) wieder zu dechiffrieren. (Die ursprüngliche Informationen wieder erkennbar zu machen.)

Ein Schlüssel ist ein Wert, der zur Erstellung eines verschlüsselten Textes mit einem Verschlüsselungsalgorithmus arbeitet. Schlüssel sind im Prinzip sehr lange Zahlenketten, deren Länge in Bit angegeben wird.

Verschlüsselung kann in stark bis schwach unterteilt werden. Maßzahlen zur Bestimmung der Verschlüsselungsstärke sind benötigter Aufwand bzw. Dauer, die es in Anspruch nehmen würde, einen Code zu entschlüsseln. Bei starker Verschlüsselung, ist es nahezu unmöglich, den Code zu knacken.

*„Selbst bei Einsatz aller zur Verfügung stehenden Computern und unter Nutzung der gesamten Zeitressourcen wäre es nicht möglich, den mit einem starken kryptographischen Code verschlüsselten Text in den nächsten Jahrtausenden zu entschlüsseln, selbst wenn eine Milliarde Computer pro Sekunde eine Milliarde Tests durchführen.“*
(Network Associates, Inc.: Einführung in die Kryptographie. V 6.5.1)

Dieses Zitat verdeutlicht sehr anschaulich die Komplexität heutiger Verschlüsselungen.

## 1.1 Konventionelle (symmetrische) Verschlüsselung

Die Funktionsweise darin besteht, dass sowohl für Ver- als auch Entschlüsselung derselbe Schlüssel verwendet wird. Dies wird in Abbilung 1 veranschaulicht.

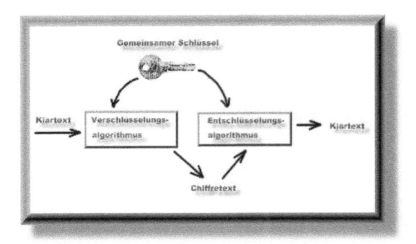

Abb. 1: Vereinfachtes Modell der herkömmlichen Verschlüsselung

Die Vorteile liegen in der Schnelligkeit bzw. ist der Einsatz sinnvoll bei Daten, die nicht übertragen werden.

Der gravierende Nachteil jedoch ist die Schlüsselverteilung. Vor allem dann, wenn Sender und Empfänger geografisch weit auseinander fallen, muss ein sicherer Kanal für die Übermittlung des Schlüssels gefunden werden. Ebenfalls als schwierig erweist es sich festzustellen, ob die Nachricht unterwegs verändert und mit dem Schlüssel wieder beglaubigt wurde. Kernproblem stellt also die Übermittlung des Schlüssels an den Empfänger dar.

## 1.2 Kryptographie mit öffentlichen Schlüsseln

Diese Idee knüpft an das Problem der Schlüsselverteilung an. und wurde 1975 von Whitfield Diffie und Martin Hellman eingeführt.

Krptographie mit öffentlichen Schlüsseln ist ein asymmetrisches Verfahren, bei dem ein Schlüsselpaar verwendet wird. Zur Verschlüsselung der Nachricht wird der öffentliche Schlüssel des Empfängers verwendet, zur Entschlüsselung benutzt der Empfänger wiederum seinen privaten oder geheimen Schlüssel.

Private Keyring     Public Keyring

Abb. 2: Private und öffentliche Schlüssel

Der Vorteil dieser Methode ist, dass auch ohne vorherige Absprache mit einer Person eine nur für diesen bestimmte Nachricht mit seinem frei zugänglichen öffentlichen Schlüssel chiffriert werden kann. Nur der Inhaber des zugehörigen öffentlichen Schlüssels kann diese Nachricht wieder entschlüsseln. Auch ist kein sicherer Kanal zur Übermittlung etwaiger Informationen mehr nötig. Beispiele hierfür sind RSA, Elgamal, Dieffie-Hellman oder DAS.

Abbildung 3 veranschaulicht dieses System.

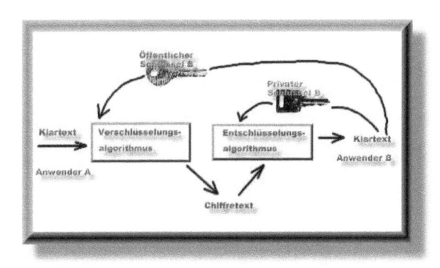

Abb. 3: Vereinfachtes Modell der Public Key Verschlüsselung

Ein weiterer Vorteil ist die Einsetzbarkeit auch in nichtkommerziellen Bereichen. Durch die Substitution der kostenintensiven sicheren Kanäle wie diese bei der konventionellen Verschlüsselung nötig sind, wurde Kryptographie auch für die Masse einsetzbar.

## 1.3 Hybride Verfahren

Zu diesen Verfahren zählt z.b. die Software „pretty good privacy" (PGP) von Network Associates, Inc. Hybride Verfahren betätigen sich sowohl konventioneller Kryptographie als auch Kryptographie mit öffentlichen Schlüsseln. Hierbei bedient es sich der Vorteile beider Systeme, das sind zum einen Schnelligkeit, zum anderen Sicherheit. Das System wird in Abbildung 4 verdeutlicht.

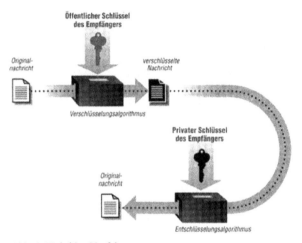

Abb. 4: Hybrides Verfahren

Anhand von der Software PGP lässt sich das folgendermaßen erklären:

Beim Verschlüsseln von Klartext mit PGP wird dieser Text zuerst komprimiert. Duch Datenkomprimierung wird die Übertragungszeit bei Modemübertragungen verringert, sowie Platz auf der Festplatte gespart – und (was noch viel wichtiger ist) die kryptographische Sicherheit gesteigert.

Durch die Datenkomprimierung werden diese Strukturen reduziert, wodurch der Schutz vor Angriffen deutlich vergrößert wird. PGP erstellt dann einen Sitzungsschlüssel. Das ist ein Geheimschüssel zum einmaligen Gebrauch. Dieser Schlüssel ist eine Zufallszahl, die aus den willkürlichen Bewegungen, die mit der Maus ausgeführt wurden, und den vom Benutzer ausgeführten Tastenanschlägen erstellt wird. Mit diesem Sitzungsschlüssel und einem sehr sicheren und schnellen konventionellen Verschlüsselungsalgorithmus wird der Klartext zu einem chiffrierten Text verschlüsselt. Nach der Verschlüsselung der Daten wird der Sitzungsschlüssel selbst mit dem öffentlichen Schlüssel des Empfängers verschlüsselt. Dieser

mit einem öffentlichen Schlüssel verschlüsselte Sitzungsschlüssel wird zusammen mit dem chiffrierten Text an den Empfänger übertragen.

Die Entschlüsselung läuft in umgekehrter Reihenfolge ab. In der PGP-Kopie des Empfängers wird dessen privater Schlüssel verwendet, um den temporären Sitzungsschlüssel wiederherzustellen. Diesen verwendet PGP anschließend, um den konventionell verschlüsselten chiffrierten Text zu entschlüsseln.

Bei PGP wird der private Schlüssel mit einer sogenannten Passphrase verschlüsselt.

Eine Passphrase besteht aus mehreren Wörtern und ist damit sicherer vor standardmäßigen Wörterbuchangriffen geschützt, bei denen ein Hacker alle Wörter im Wörterbuch „durchprobiert", um das Passwort zu bestimmen.

Die konventionelle Verschlüsselung ist ungefähr 1000-mal schneller als die Verschlüsselung mit öffentlichen Schlüsseln. Mit öffentlichen Schlüsseln können aber die bisherigen Probleme der Schüsselverteilung und der Datenübertragung gelöst werden. Durch eine gemeinsame Nutzung werden Leistungsfähigkeit und Schlüsselverteilung ohne Sicherheitseinbußen optimiert.

## 2. Sicherheitsrisiken

Es gibt kein Datensicherheitssystem, das absolusicher ist. In allen Datensicherheitssystemen muss man sich die Frage stellen, ob der Wert der Daten, die man zu schützen versucht, für den Hacker höher einzustufen ist, als die Kosten für den Angriff. Wichtig ist demnach, sich vor Angriffen zu schützen, die geringen Aufwand erfordern, und sich weniger Sorgen über aufwendige Angriffe zu machen. Die Grundproblematik wird in Abbildung 5 veranschaulicht.

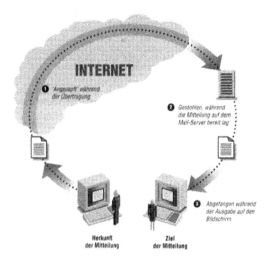

Abb. 5: Sicherheitsrisiken

2.1 Verfälschung öffentlicher Schlüssel

Das größte Sicherheitsrisiko stellt die Verfälschung öffentlicher Schlüssel dar. Dieses Risiko ist u.A. umgehbar, wenn man einen neuen öffentlichen Schlüssel direkt von seinem Eigentümer erhalten hat oder wenn er von jemandem unterschrieben wurde, dem man vertraut.

## 2.2 Viren und trojanische Pferde

Ein Angriff könnte auch durch einen speziell entwickelten, feindlichen Computer-Virus erfolgen, der z.b. PGP oder das Betriebssystem infizieren könnte. Dieses hypothetische Virus könnte so programmiert sein, dass es die Passphrase, den privaten Schlüssel oder die dechiffrierte Nachrichten erfasst und die erfassten Daten in eine Datei schreibt oder über ein Netzwerk an den Eigentümer des Virus schickt. Der Virus könnte möglicherweise auch die Funktionsweise von PGP verändern, so dass Unterschriften nicht mehr richig überprüft werden.

PGP verfügt über keine Verteidigungsmechanismen gegen Viren und geht davon aus, dass der PC eine sichere Umgebung für die Ausführung des Programms darstellt.

## 2.3 Physischer Eingriff in die Privatsphäre

Durch einen physischen Eingriff in die Privatsphäre kann eine Person in den Besitz von Klartextdateien oder ausgedruckten Nachrichten kommen. Man spricht hier vom sog. „social engineering".

# 3. Digitale Unterschriften

Digitale Unterschriften erfüllen denselben Zweck wie handschriftliche. Digitale haben jedoch den Vorteil, dass sie nahezu fälschungssicher sind und außerdem den Inhalt der Informationen und die Identität des Unterschreibenden bescheinigen.

Mit digitalen Unterschriften können Empfänger die Informationen nach Erhalt auf deren Ursprung und Vollständigkeit überprüfen. Durch die digitalen Unterschriften auf öffentlichen Schlüsseln kann also die Authentisierung und die Datenintegrität überprüft werden. Außerdem ist ein Urheberschaftsnachweis möglich, wodurch der Absender nicht behaupten kann, die betreffenden Informationen nicht gesendet zu haben. Diese Funktionen sind für die Verschlüsselung mindestens genauso wichtig wie die Geheimhaltung.

Die grundlegende Methode der Erstellung von digitalen Unterschriften ist in Abbildung 6 dargestellt.

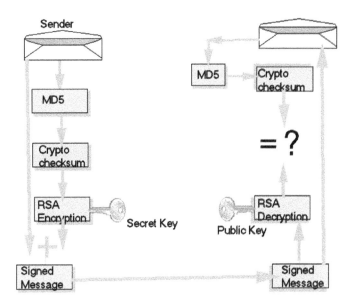

Abb. 6: Erstellen und Überprüfen einer digitalen Unterschrift

Statt die Daten mit dem öffentlichen Schlüssel eines anderen Benutzers zu verschlüsseln, verwendet man dazu den eigenen privaten Schlüssel. Wenn die Daten mit dem eigenen öffentlichen Schlüssel entschlüsselt werden können, ist dies ein Beweis dafür, dass sie vom Absender stammen.

## 3.1 Hash-Funktionen

Das oben beschriebene System hat einige Nachteile: Es ist langsam und produziert eine gewaltige Datenmenge. Abhilfe schafft hier das Hinzufügen einer einseitigen Hash-Funktion. Mit einer Einweg-Hash-Funktion wird eine Information beliebiger Länge eingegeben, beispielsweise eine Nachricht von tausend oder sogar mehreren Millionen Bit, und es wird eine Ausgabe fester Länge erzeugt. (Z.B. 160 Bit). Mit der Hash-Funktion wird gewährleistet, dass auch bei geringfügiger Änderung der Eingangsinformation ein völlig veränderter Ausgabewert erzeugt wird. PGP wird z.B. der vom Benutzer unterschriebe Klartext durch

eine kryptographisch starke Hash-Funktion verschlüsselt. Dadurch wird ein Datenelement mit einer festen Länge erstellt, das auch als Nachrichtenkern bezeichnet wird.

Anhand des Nachrichtenkerns und des privaten Schlüssels wird die Unterschrift erstellt. Die Unterschrift und der Klartext werden zusammen übertragen. Bei Erhalt der Nachricht berechnet der Empfänger mit Hilfe von PGP den Nachrichtenkern neu und überprüft damit auch die Unterschrift. PGP kann den Klartext gegebenenfalls verschlüsseln. Das Unterschreiben des Klartextes ist immer dann sinnvoll, wenn einige Empfänger die Unterschrift nicht überprüfen möchten oder können. Solange eine sichere Hash-Funktion verwendet wird, können Unterschriften nicht in andere Dokumente eingefügt oder unterschriebene Nachrichten geändert werden. Durch die geringfügigste Änderung eines unterschriebenen Dokuments wird die Verifizierung einer digitalen Unterschrift scheitern.

## 3.2 Digitalzertifikate

Durch Digitalzertifikate wird die Überprüfung, ob ein öffentlicher Schlüssel wirklich dem angegebenen Eigentümer gehört, vereinfacht. Dieses Zertifikat ist eine Beglaubigung, die die Identität sicherstellt.

Ein Digitalzertifikat besteht aus folgenden Elementen:
- einem öffentlichen Schlüssel
- Zertifikatsdaten (Daten zur Identität des Benutzers, z.B. Name, Benutzer-ID)
- Einer oder mehreren digitalen Unterschriften

Zum einen gibt es die manuelle Verteilung öffentlicher Schlüssel per Email oder Disketten, zum anderen müssen aber auch Systeme verwendet werden, die mit der notwendigen Sicherheit, Speicherkapazität und den notwendigen Austauschmechanismen ausgestattet sind. Beispielsweise in Form von Verwahrungsorten, die nur der Speicherung dienen, sog. Certificate Servers. Es gibt auch besser strukturierte Systeme, die zusätzliche Schlüssel-verwaltungsfunktionen aufweisen – die Public Key Infrastructures (PKIs).

### 3.2.1 Fingerabdruck

Gültigkeit ist in einer Umgebung mit öffentlichen Schlüsseln von grosser Bedeutung, in der ständig überprüft werden muss, ob ein bestimmtes Zertifikat echt ist.

Eine Möglichkeit der Gültigkeitsbestätigung besteht in der manuellen Überprüfung.

Die einfachste und effizienteste Methode ist die Überprüfung des Fingerabdrucks des Zertifikats. Dabei ruft man den Schlüsseleigentümer an und bittet ihn darum, den Fingerabdruck des Schlüssels durchzusagen. Eine andere Möglichkeit, ein Zertifikat auf dessen Gültigkeit zu überprüfen, besteht darin, darauf zu vertrauen, dass eine dritte Person die Überprüfung bereits vorgenommen hat. Um Vertrauenspfade herzustellen, gibt es sog. Vertrauensmodelle.

### 3.2.2 Vertrauensmodelle

Direktes Vertrauen:

Dabei vertraut ein Benutzer auf die Gültigkeit eines Schlüssels, da dessen Herkunft bekannt ist.

Vertrauenshierarchie:

Das Vertrauen besteht hier zwischen gleichrangigen Zertifikaten oder zwischen Zertifikaten unterschiedlicher Hierarchieebenen.

Web of Trust:

Darunter versteht man eine Kombination der beiden vorherigen Modelle. Dieses System wird z.B. auch im Vertrauensmodell von PGP verwendet. PGP verwendet als Form der Schlüsselverwaltung (oder Vermittlung) digitale Unterschriften. Wenn ein Benutzer den Schlüssel eines anderen unterzeichnet, wird er zum Schlüsselverwalter für diesen Schlüssel. Bei diesem Vorgang entsteht allmählich ein Vertrauensnetz bzw. ein Web of Trust.

Abbildung 7 verdeutlicht diesen Vorgang.

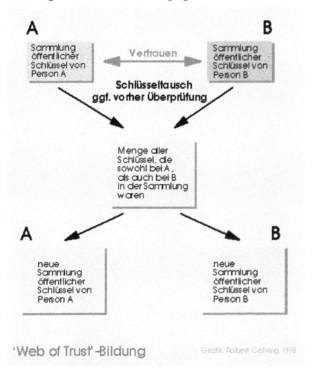

Abb. 7: Web of Trust – Bildung

## 4. Virenscanner

Antivieren Programme suchen in den Daten auf der Festplatte nach Signaturen. Dabei handelt es sich um kurze Programmstücke bekannter Computerviren, die jeden Schädling eindeutig identifizieren. Beim Scan der Festplatte wird jede Datei mit einer Referenzdatenbank von einigen 10000 Virensignaturen verglichen. Da monatlich einige Hundert neue Viren erscheinen, muss der Anwender die Signaturdatenbank regelmäßig aktualisieren. Mit dem Uptdate kommen außerdem virenspezifische Reinigungsinformationen auf den Rechner. Diese benötigt das Antiviren-Programm, um befallene Dateien ohne Datenverlust zu säubern. Moderne Schutzprogramme versuchen unbekannte Viren an typischen Verhaltensmustern aufzuspüren. Um verschlüsselte Viren zu entlaven, besitzen Virenscanner heute komplexe Algorithmen bis hin zu kompletten Prozessor- und Betriebssystem-Emulationen. Einige

Scanner versuchen sogar schon, Teile des Internets virtuell im Speicher abzubilden, um Würmer aufzuspüren. Der Sinn dieser Bemühungen ist, dass ein Schädling zu Aktionen provoziert und erkennbar wird, denn das Programm kann „schlafende" Viren nicht identifizieren. Da es immer mehr schwer erkennenbare Viren gibt, verlangsamt sich der Suchprozess durch zusätzliche Tests immer stärker.

## 5. Firewalls

### 5.1 Begriff

Der Begriff "Firewall" kommt aus der Architektur und kann mit "Brandschutzmauer" übersetzt werden. Brandschutzmauern sollen die Ausbreitung eines Feuers stoppen oder es zumindest solange aufhalten bis Hilfe eintrifft. Die Aufgabe eines Firewalls bei Netzwerken ist ähnlich. Eine Firewall ist eine Ansammlung von Hard- und Software, welche verhindern soll, dass unautorisierte Personen Zugriff auf das interne Netzwerk erlangt. Dies ist besonders bei Unternehmen von großer Notwendigkeit, wo Mitarbeiter hauptsächlich von „außen" auf das interne Netzwerk zugreifen müssen. (z.B. Firmenvertreter)
Interessant ist die Annahme, dass 80 % der Attacken unternehmensintern basieren. Insider verstehen wie das unternehmensinterne Computer System funktioniert und wo sie die wichtigsten Informationen finden können. Eine Variante gegen Angriffe von Insidern wäre der sog. Desktop Lock. Während Bürostunden werden Benützer nicht immer an ihrem PC sitzen. Um ständiges Aus- und Einloggen zu verhindern, kann eine Sperre installiert werden. (Z.B. Time out-Sperre: Der PC sperrt automatisch nach einigen Minuten der Inaktivität)

### 5.2 Funktionsweise

Meist können die Regeln für den Internet Zugang selbst festgelegt werden. Sie können für ein- und ausgehende Daten unterschiedlich sein. Diese Einstellungen werden durch die Firewall überprüft und auf mögliche Sicherheitslücken hingewiesen.
Registriert die Firewall unerwartete Ereignisse schlägt sie Alarm und teilt dem Anwender auch mit, warum. Abgewehrte Attacken soll die Software analysieren und dadurch Hacker enttarnen können.

Firewalls kontrollieren und filtern den Datenverkehr vom Internet und dem LAN (local area network). Alle Daten müssen, bevor sie in das interne Unternehmensnetz kommen oder dieses verlassen, den zentrale Firewall passieren.

So läßt sich beispielsweise mit Hilfe von Firewall-Systemen der Zugang für externe Benutzer auf bestimmte Rechner des Unternehmens , wie z.b. einem WWW-Server, einräumen ohne dabei den Zugriff auf das restliche Unternehmensnetz zu gewähren. Es kann auch festgelegt werden, welche Daten das Unternehmen verlassen dürfen oder auch welche Internet Dienste den Mitarbeitern offenstehen.

### 5.3 Architekturen

### 5.3.1 Packet Screens

Die einfachste Möglichkeit, einen Firewall aufzubauen, ist eine Packet Screen. Dabei wird der zwischen LAN und Internet fast immer bereits vorhandene Router so konfiguriert, dass er nur bestimmte Pakete durchläßt, andere dagegen abblockt.

Abbildung 8 verdeutlicht dieses Schema.

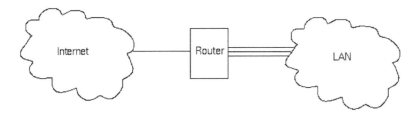

Abb. 8: Netzanbindung durch "Screening Router"

Packet Screens können nach Quell- und Zieladressen sowie nach Quell- und Zielports filtern. Es kann also eingeschränkt werden, welche Hosts erreichbar sind.

### 5.3.2 Gateways

Ein Host, der Verbindung zu zwei verschiedenen Netzen hat, wird als Gateway bezeichnet, wenn Verbindungen, die über diesen Rechner laufen, auf Applikations-Ebene realisiert werden. Durch Erweiterung dieser Applikationen um Access Control mit eigenem Audit und

Aktivierung eines ausführlichen Audits auf dem Host ist die Nutzung eines Gateways als Firewall möglich.

Eine Firewall auf Basis eines Gateways zu errichten, bietet sich heute besonders für -- meist kleinere -- LANs an, die einen UNIX Host für die Verbindung zum Internet nutzen.

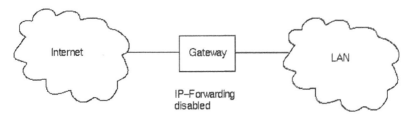

Abb. 9: Gateway-Firewall

Auf diesem Host, der mit zwei Netzwerkinterfaces ausgestattet ist, wird dafür gesorgt, dass Pakete zwischen dem LAN und dem Internet übertragen werden können. Das Problem ist, dass alle Rechner und alle Dienste im LAN erreichbar und somit auch angreifbar sind.

Die Idee bei einem Gateway-Firewall ist es, dieses Routing abzuschalten und so alle direkten Verbindungen zwischen LAN und Internet zu verhindern. Der einzige vom LAN aus erreichbare Host im Internet ist dann die Firewall, und in der anderen Richtung ist der Firewall entsprechend der einzige Host am LAN, der vom Internet aus erreichbar ist. Eine Verbindung zwischen LAN und Internet ist nur noch über Applikationen auf dem Firewall möglich.

Als einziger vom Internet aus erreichbarer Host muß das Firewall-Gateway besonders geschützt werden, man nennt diesen Host dann auch Bastion. Auf diesem Rechner sollten keine unnötigen und gefährlichen Dämonen laufen und die Sicherheit des Rechners muss ständig und sehr genau überwacht werden.

Ein Firewall-Gateway unterbindet wirkungsvoll alle direkten Verbindungen zwischen Rechnern im LAN und im Internet. Kommunikation ist nur mit Hilfe von Applikationen auf der Bastion möglich.

### 3.5.3 Mischtechniken

Unter dem Begriff Mischtechniken verbergen sich Firewalls, deren Architektur den bereits beschriebenen ähnelt, deren Sicherheit aber zu einem großen Teil von der Benutzung anderer Vernetzungstechniken abhängt.

An den Übergangsstellen werden Gateways eingesetzt. Die Verbindung zwischen den Gateways stellt einen beschränkten Kanal dar. Die einzige bisher bekannte Implementation dieses Konzeptes ist die Firewall.

Die Firewall besteht aus einem vom Internet und vom LAN aus erreichbaren "untrusted" Gateway, aus einem internen "trusted" Host und einem beschränkten Kanal zwischen diesen beiden Hosts.

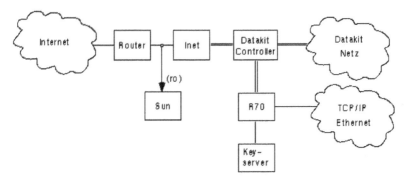

Abb. 10: AT&T-Firewall

### 5.4 Grenzen der Firewalls

Eine hundertprozentige Sicherheit im Unternehmen kann auch nicht durch Firewalls gewährleistet werden, die Gefahr kann aber reduziert werden. Neben den technischen Maßnahmen ist eine zusätzliche Ausrichtung des DV-Managements auf Sicherheit nötig. Dazu zählen z.B. die sorgfältige Auswahl und die Sensibilisierung des Personals hinsichtlich der Sicherheitsproblematik.

Bei der Errichtung der Firewall ist zu beachten, dass der Datendurchsatz hoch genug ist, damit nicht legitimierte Benutzer versuchen, den Firewall zu umgehen und somit die

Sicherheit, die der Firewall herstellt, ad absurdum führen, da es dann einen zweiten, ungesicherten Eingang gäbe.

Weiterhin sichert ein Firewall das Netz nur nach außen ab, ein Hinausschmuggeln von sicherheitsrelevanten Daten z.b. auf Disketten läßt sich durch diese Maßnahmen nicht verhindern.

Zu einem umfassenden Schutz des Netzes, insbesondere zum Schutze des Bastion Hosts, gegenüber Angreifern sind noch weitere Maßnahmen notwendig wie zum Beispiel Zugangskontrollen und Überprüfung der wichtigsten Programme.

Kostenlose Download Möglichkeiten für Firewalls:

URL: http://www.trojaner-info.de/firewall/software.shtml (26.10.03)

## 6. Biometrische Verfahren am Beispiel Irisscan

6.1 Funktionsweise

Zu den auffälligsten Merkmalen des Menschen gehört das Auge. Ein großer „Informations-Gehalt" liegt in der Regenbogenhaut – mit ihren Äderchen, Streifen und Pigmenten. Diese Merkmale sind genetisch unabhängig und zeitlich unveränderlich. Daher eignet sich das Auge besonders für biometrische Verfahren zur Identifizierung. Die Chancen eines Fehlers liegen hier bei eins zu einer Million. Das bedeutet, dass mit Hilfe der Iriserkennung eine ebenso eindeutige Zuordnung wie mit Fingerabdrücken möglich ist, da die Merkmale eines biometrischen Merkmals von Person zu Person verschieden sind.

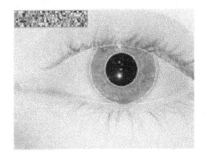

Abb. 11: Menschliches Auge

Nur mit hochauflösenden CCD-Kameras kann die Iris genau erfasst werden. Dabei wird der Durchmesser der Iris bis zu 140 Pixel aufgelöst. Mit Weitwinkelkameras wird das gesamte Gesicht erfasst und anschließend das Auge lokalisiert.

### 6.2 Merkmalscodierung

Nachdem die Iris gescant wurde muss man die erhaltenen Informationen über die Texturen umzusetzen. Dazu müssen die Informationen codiert werden. Diesen Vorgang nennt man Phasencode. Normalerweise wird die Iris bei diesem Vorgang über ein Polarkoordinatensystem in acht konzentrische Bänder eingeteilt. Ziel der Transformation ist die Umsetzung des Bildsignals in eine gültige Codierung die schließlich auch weiterverwendet werden kann. (Üblich: 256 Byte und 2048 bzw. 4096 Byte oder 8-stelliger Barcode). Abbildung 12 stellt diesen Vorgang in stark vereinfachter Weise dar.

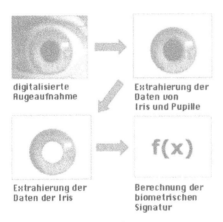

digitalisierte
Augeaufnahme

Extrahierung der
Daten von
Iris und Pupille

Extrahierung der
Daten der Iris

Berechnung der
biometrischen
Signatur

Abb. 12 Vorgang beim Irisscan

### 6.3 Vorteile des Irisscans

Da biometrische Merkmale einzigartig sind und sich gar nicht oder sehr schwer fälschen lassen, sind diese Systeme als äußerst sicher einzustufen. Interessant ist, dass z.B. falsch positionierte oder getönte Kontaktlinsen das Ergebnis nicht beeinflussen können. Weiters werden z.B. dunkle Augen mit gleicher Genauigkeit und Geschwindigkeit gemessen wie Helle.

Die meisten biometrischen Systeme sind sehr benutzerfreundlich bzw. selbsterklärend gestaltet. Allerdings hält sich die Akzeptanz in der Bevölkerung in Grenzen.

Einige der Sensoren für verschiedene Systeme sind sehr teuer, allerdings betonen Hersteller, dass man in Bezug auf das geleistete Sicherheitsniveau von einem geringen Kostenaufwand sprechen kann.

### 6.4 Nachteile des Irisscans

Damit biometrische Systeme für größere Gruppen anwendbar sind, muss ein gemeinsamer Standard festgelegt werden, der bis dato noch nicht existiert. Weiters können viele biometrische Systeme nur schwer mit Fehlbenutzung umgehen. (Daher spielt eine einfache Benutzeroberfläche eine große Rolle.)

Bei Diebstahl von Daten ist es fast unmöglich, wieder eine sichere Situation herzustellen. Außerdem ist immer die Gefahr menschlichen Versages zu beachten – die die größte Gefahr darstellt.

Ein letzter wichtiger Punkt ist, dass auch bei Biometrie große Datenbanken benötigt werden. Damit diese schnell durchsucht werden und von verschiedenen Systemen gleichzeitig genutzt werden können, müssen sie vernetzt werden. Die Sicherheitsvorteile eines biometrischen Systems sind also wieder geringer, da herkömmliche Netzwerke eine vielfältige Angriffsfläche bieten.

## 7. Resumée

Wenn die Sicherheit schwach ist, können Angriffe logischerweise leichter statt finden. Gut ausgebildetes, vertrauenswürdiges Personal und hoch entwickelte Technologie ist Voraussetzung für die Sicherheit eines Unternehmens. Es ist nicht ein simples System mit input, Prozess und Output. Sicherheit ist ein Prozess, dass sowohl Schutz als auch Abwehr und Rückmeldung miteinbezieht. Oft wird in Unternehmen / bei Privaten auf die Investition eines umfassenden Sicherheitsnetzes aufgrund Geldgründen oder Bequemlichkeit verzichtet. Allerdings merkt man meist wie wichtig ein gutes Sicherheitssystem ist, wenn es „zu spät" ist und ein Schaden entstanden ist.

# 8. Literaturverzeichnis

**Verschlüsselung und elektronische Unterschrift im Internet**

URL: http://www.astelter.de/html/verschlusselung_und_elektronis.htm

26.10.2003

**Kryptographie**

URLs: http://www.cyberlaw.de/Recht/Datenschutz/ReDa014.pdf

http://www.cyberlaw.de/Recht/Datenschutz/FunktionsweiseelektronischerSignaturen/ReDaFe
S001.pdf

http://www.cyberlaw.de/Recht/Datenschutz/FunktionsweiseelektronischerSignaturen/ReDaFe
S004.pdf

http://www.datensicherheit.nrw.de/Projekte/Paderborn/index_TP_IX.html

26.10.2003

**Funktionsweise elektronischer Signaturen**

URL: http://www.cyberlaw.de/Recht/Datenschutz/ReDa022.pdf

26.10.2003

**PGP - deutschsprachige Anleitung**

URL: http://www.foebud.org/pgp/html/index.html

http://www.pgpi.org/

26.10.2003

**Sicherheit im Internet – PGP**

URL: http://www.tfh-berlin.de/~akmi/tfh/ss97/security/monika.html

26.10.2003

**Firewalls**

http://www.de.easynet.net/solutions/security/firewall

http://kai.iks-jena.de/npf/npf.html

**Irisscan:**

http://www.imn.htwk-leipzig.de/~truebner/mmt/vornach.html

# 9. Abbildungsverzeichnis